HISTOIRE

DE MESDEMOISELLES

DE SAINT-JANVIER.

DE L'IMPRIMERIE DE LEFEBVRE,

RUE DE LILLE, N°. 11.

Ah! M. Diakué, sauvez mes enfants.

Page 54.

HISTOIRE
DE MESDEMOISELLES
DE SAINT-JANVIER,

LES DEUX SEULES BLANCHES SAUVÉES
DU MASSACRE DE SAINT-DOMINGUE;

PAR MADEMOISELLE DE P...., LEUR AMIE.

Avec Figures.

TROISIÈME ÉDITION, REVUE ET CORRIGÉE.

A PARIS,

Chez J.-J. BLAISE, Libraire, quai des Augustins,
n°. 61, près le Pont-Neuf.

M. DCCC. XII.

AVIS DE L'ÉDITEUR,
Pour cette troisième Edition.

Le succès de ce petit Opuscule, dont deux éditions ont été épuisées en moins de trois mois, prouve que les horribles désastres d'une de nos colonies et d'une famille particulière, peuvent, même après ceux de la mère-patrie, intéresser les ames sensibles. Il faut cependant l'avouer, cette Histoire si attachante, si extraordinaire, est écrite avec candeur, mais aussi avec un peu de négligence. On y reconnaît facilement que l'Auteur est une jeune Personne peu familière dans l'art d'écrire, mais non sans talent : car c'en est un grand que de savoir intéresser les Lecteurs par un récit aussi ingénu que touchant, et par une manière de narrer, aussi simple qu'attachante.

C'est d'après l'intérêt que cette Histoire a généralement inspiré pour les deux jeunes personnes qui en sont les héroïnes, et même pour l'aimaible et douce sensibilité qu'on y remarque, que l'Auteur a revu son ouvrage et en a fait disparaître le petit nombre de taches qui le déparaient aux yeux des critiques exercés. Ces corrections sont même si légères qu'on n'en parlerait pas, si l'éditeur ne cherchait à justifier le succès d'une relation qui n'était pas destinée à l'impression et qui n'aurait jamais vu le jour, sans ses démarches et ses soins. C'est pour y contribuer d'une manière plus efficace encore, qu'il a fait réimprimer à la suite de cet Avis, l'extrait aussi substantiel que bien écrit, qui en a été donné dans le Journal de l'Empire, et qui peut servir d'introduction à cette troisième édition.

AVIS

Qui se trouve à la seconde Edition.

Quinze jours sont à peine écoulés, depuis que nous avons offert au public l'Histoire de Mlles. de Saint-Janvier; et par une espèce d'enchantement, il ne nous en reste plus d'exemplaires. L'empressement du public, et les suffrages d'un littérateur (*) qui sait louer sans flatterie, et critiquer sans amertume, nous ont déterminé à en donner une seconde édition. Cette Histoire a été imprimée sur

_____
(*) *Voy.* l'Extr. du *Journ. de l'Emp.*, ci-après,

un manuscrit de Mᴸᴸᵉ. de P...., leur amie, qui s'étant trouvée au château de Courbeton, avec Mᴸᴸᵉˢ. de Saint-Janvier, chez M. de Saint-Aulaire, leur tuteur et leur oncle, a recueilli tous les détails que présente une suite d'événemens aussi extraordinaires. Mᴸᴸᵉˢ. de Saint-Janvier en ont fait plusieurs fois le récit touchant, et nous avons cru qu'il était important d'en conserver le souvenir, et de faire connaître les destinées de deux personnes distinguées qui, jeunes encore, ont déjà parcouru une longue carrière de malheurs.

Histoire de Mesdemoiselles de Saint-Janvier. (1)

CE n'est point un roman que j'annonce au public, c'est une histoire extraordinaire et presque miraculeuse dans ses circonstances, mais vraie dans tous ses détails, simple dans son récit, racontée presque au sortir de l'enfance par les deux jeunes personnes qui en sont les héroïnes, avec toute la candeur de leur âge et toute l'ingénuité de leur caractère; recueillie avec la même ingénuité et la même candeur par une autre jeune personne qui, après avoir écouté cette histoire avec la vivacité de sentiment qu'inspire sur-tout à cet âge le récit d'événemens singuliers,

───────────────

(*) Du mercredi 20 mai 1812.

d'aventures touchantes, de malheurs inouïs, écrit sans prétention et sans art ce qu'elle vient d'entendre, uniquement pour s'en occuper encore, et pour prolonger les vives émotions dont son jeune cœur a été pénétré.

C'est à Saint-Domingue, contrée malheureuse, qui, dans une époque si féconde en désastres et en crimes, a eu le triste avantage de l'emporter sur toutes les autres par les horribles désastres et les crimes épouvantables dont elle a été le théâtre, que se sont passés les événemens dont l'historienne de mesdemoiselles de Saint-Janvier nous transmet le récit. L'armée française ravagée par une cruelle épidémie qui lui avait enlevé le général en chef, un grand nombre d'officiers, et un plus

grand nombre de soldats; pressée sur terre par une affreuse armée de nègres, dix fois plus nombreuse qu'elle; cernée sur mer par une escadre anglaise, est obligée de capituler avec les uns, de se jeter sur les vaisseaux des autres, et d'abandonner la ville du Cap. Un trop grand nombre de colons, retenus par leurs intérêts, rassurés par les termes de la capitulation, par les promesses d'un féroce ennemi auquel on n'aurait jamais dû se fier, se déterminèrent à rester au sein de leurs habitations; mais à leur imprudente confiance succéda bientôt la terreur du plus cruel avenir, ou plutôt la certitude du sort le plus affreux. « L'armée nègre, dit un histo-
» torien de la dernière expédition de
» Saint-Domingue, M. Laujon fils,

» l'armée nègre entrait dans la ville
» comme nous appareillions; on les vit
» de nos vaisseaux se précipiter des
» montagnes et accourir en foule; tous
» les cœurs furent déchirés à cet as-
» pect; des idées de carnage et de mort
» étaient les seules qui se présentassent
» à notre esprit; nous jetions des re-
» gards d'attendrissement et de pitié
» sur les malheureuses victimes que le
» rivage continuait d'offrir à nos yeux,
» et qui s'étaient toutes rassemblées
» pour nous voir partir; c'est ainsi qu'en-
» traînés par le vent dont nos voiles
» étaient déjà remplies, nous nous éloi-
» gnâmes du port et le perdîmes bien-
» tôt de vue ».

C'est ici que commence l'histoire et les malheurs de mesdemoiselles de

Saint-Janvier ; et le petit tableau que je viens de mettre sous les yeux du lecteur, lui fait voir dans une affreuse perspective toute l'horreur des dangers auxquels elles vont être exposées : l'imagination est consternée et saisie d'effroi à la vue de cet effroyable armée de nègres, descendant des montagnes, et se précipitant dans une ville sans défense, au milieu d'hommes désarmés, de femmes de tout âge, et de jeunes filles dont les seules armes, la faiblesse, la beauté, l'innocence, ont perdu tout leur empire, et loin d'être une sauve-garde, sont de nouveaux motifs de crainte, et les exposent à de nouveaux périls. « Par leur nature et » par leur existence, dit Pinkerton, » les nègres, comme les autres sauva-

» ges, appartiennent à la famille des » animaux féroces. » Jamais ils ne prouvèrent mieux cette horrible conformité d'inclinations et de mœurs.

M. et Madame de Saint-Janvier étaient au nombre de ces malheureux colons qu'avaient retenus à Saint-Domingue un peu de confiance aux traités, et une plus grande confiance dans la bonté paternelle avec laquelle ils n'avaient cessé d'en agir avec les nègres, et dans la reconnaissance dont les cœurs généreux supposent difficilement que les cœurs les plus mal faits puissent entièrement s'affranchir : leurs deux filles étaient avec eux; l'aînée était âgée de dix ans; la plus jeune n'en avait que six. A peine l'armée française avait évacué le Cap, que le féroce Dessalines envoya ordre à M. de Saint-Janvier, et à quelques autres riches colons de se rendre auprès de lui, afin, disait-il, de traiter de leurs habitations. Quoique M. de Saint-Janvier soupçonnât que ce n'était là qu'un prétexte, il n'y avait pas à délibérer sur un pareil ordre, et il se disposait à partir, lorsque des soldats vinrent l'arrêter, et le conduisirent en prison. Madame de Saint-Janvier avait du moins chaque jour la consolation de le voir : bientôt cette consolation lui est enlevée, et M. de Saint-Janvier est transféré dans une prison à quelque distance du Cap. Une correspondance journalière adoucissait les regrets, calmait un peu les inquiétudes de sa famille; tout-à-coup cette correspondance cesse, elle

est interrompue pendant un mois entier; mois cruel d'incertitude désolante à laquelle va bientôt succéder la plus affreuse certitude ! Un noir arrive : il revenait de Saint-Marc, où M. de Saint-Janvier était en prison; il avait été cocher de madame de Saint-Janvier; elle s'empresse de l'interroger sur le sort de son mari; elle lui demande s'il ne lui apporte pas une lettre. La réponse du nègre révolte par un mélange inouï de férocité froide et de stupidité grossière. « Votre mari, dit-il, il est
» mort; il a été massacré, et c'est moi-
» même qui lui ai porté le premier
» coup... Je le lui ai si bien appliqué
» qu'il n'a pas bougé, je vous assure...
» Il m'a chargé de vous dire bien des
» choses, ainsi qu'à ses enfans, et de

» voir si sa fille cadette lui ressemble » toujours ». N'est-ce pas là, au don de la parole près, cet animal féroce auquel Pinkerton compare le nègre? et lorsqu'on fait de la parole un pareil usage, ne serait-ce pas un avantage d'en être privé?

Cependant les massacres se multiplient : après avoir égorgé les hommes, on s'apprête à égorger les femmes et les enfans; au milieu d'une nuit, et après quelques jours d'une fausse et perfide sécurité, Madame de Saint-Janvier est éveillée par les gémissemens et les cris des victimes. Une négresse, fille de ce cocher qui avait massacré M. de Saint-Janvier, la cache avec ses deux filles, madame de Saint-Georges, et trois demoiselles de Saint-Georges, âgées de seize, dix-sept et dix-huit ans, dans un réduit impénétrable. Une épouvantable bande de scélérats se répand dans la maison, la pille et demande à grands cris la famille Saint-Janvier : à leur tête, était le barbare cocher, père de la bonne négresse : le sabre à la main, et suspendu sur la tête de sa fille, il la menace de la tuer si elle ne révèle à l'instant l'endroit où sont cachées ses maîtresses. La généreuse négresse reste inébranlable, et assure qu'elles n'existent déjà plus. Les nègres, ou persuadés ou étonnés de l'héroïque fermeté de cette fille, se retiraient, lorsqu'une infernale négresse, comblée des bienfaits de madame de Saint-Janvier, dénonce l'asile où elles s'étaient réfugiées ; elles en sont arrachées et traînées au supplice. Madame de Saint-Georges est pendue par les pieds, ses filles sont égorgées à coups de sabre. Cependant un général nègre, Diakué, qui avait des obligations à M. de Saint-Janvier, veut sauver madame et mesdemoiselles de Saint-Janvier; ses tentatives irritent les nègres qu'il commande, et madame de Saint-Janvier voit qu'elle ne peut échapper à la mort, mais elle voudrait du moins que cette mort assouvît la rage de ses bourreaux, et que l'âge de ses filles les émût de quelque pitié; elle conjure Diakué de borner là tous ses efforts. Tandis qu'elle fait, à genoux, et tenant dans ses bras les objets de sa tendresse, cette prière touchante et digne d'une mère, sa tête, abattue par un coup de sabre, roule aux pieds de ses deux filles éperdues. Diakué prenant alors un air féroce, dit à ses soldats qu'ils ont assez égorgé ; qu'il veut avoir ce plaisir à son tour, et qu'il se charge de ces deux enfans : à ces mots, il les entraine violemment dans une pièce voisine, aux yeux des nègres, persuadés par la fureur qui semblait animer ses regards, ses discours et ses gestes, qu'il allait en effet couronner cette horrible journée par cette horrible exécution. C'est ainsi qu'il parvient à sauver mesdemoiselles de Saint-Janvier.

Mais hélas ! quel triste bienfait que celui de la vie conservée à des enfans qui survivent au massacre de leur père, de leur mère, de tous leurs compatriotes, pour vivre au milieu des dénonciations, des inquiétudes, des craintes, des alarmes, parmi des monstres, et uniquement préservés de la férocité du plus grand nombre par la pitié peu rassurante de quelques autres qui peuvent tout-à-coup cesser d'en avoir, et devenir à chaque instant aussi barbares, aussi furieux, aussi impitoyables que les autres. Telle fut pendant long-temps la position de mesdemoiselles de Saint-Janvier; cachées quinze jours sous un lit, découvertes encore, elles virent de nouveau le sabre nu levé sur leurs têtes ; rejetées par faiblesse et par crainte de la maison qui leur donnait asile, elles n'en trouvaient point d'autres, et allaient être bientôt dispensées d'en chercher, car le féroce Dessalines, qui avait appris leur existence, arrivait au Cap avec l'intention de les tuer de sa main; déjà il entrait dans la ville, et mesdemoiselles de Saint-Janvier, exclues de toute habitation, attendaient dans la rue, assises sur un banc de pierre, le coup fatal qui devait terminer une vie si courte, mais si cruellement éprouvée, lorsqu'un Dieu juste et vengeur mit un terme aux fureurs et aux crimes de ce chef de cannibales : Dessalines est massacré, en entrant au Cap, par une troupe de mulâtres du parti de Pétion.

Ce n'est pas une des singularités les moins remarquables de ces événemens qui se distinguent toujours par un mélange de bizarrerie et d'atrocité, que ce soit à la veuve de cet affreux Dessalines que mesdemoiselles de Saint

Janvier doivent les premiers adoucissemens à leurs malheurs, les premières espérances de bonheur, et les moyens de fuir cette terre odieuse qui leur rappelait tant de funestes souvenirs, et leur faisait craindre tant de nouveaux dangers. C'est la femme du monstre le plus impitoyable qui est émue de pitié à la vue de ces tendres victimes échappées à tant de morts, mais réservées à tant de douleurs; madame Dessalines cherche un capitaine de bâtiment qui les transporte à New-Yorck où elles ont une parente; paie leur passage, et les confie à une dame de la colonie qu'elle engage à faire la traversée avec elles. « Le jour du départ, dit l'histo-
» rienne de mesdemoiselles de Saint-
» Janvier, mademoiselle de P., fut

» enfin fixé au 20 août 1809. L'aînée
» des deux sœurs avait alors seize ans,
» et la cadette environ douze. Tout le
» monde était accouru sur le port pour
» être témoin de cet heureux embar-
» quement; l'excellente veuve Dessa-
» lines pleura beaucoup en quittant nos
» deux jeunes orphelines; enfin le vais-
» seau sortit du port et fut bientôt en
» pleine mer ».

Quel est le lecteur qui n'accompagne pas ce vaisseau de son tendre intérêt et de ses vœux, et qui ne lui adresse les souhaits de bonheur qu'Horace adressait au vaisseau qui portait son ami :

Sic te diva potens Cypri,
Sic fratres Helenæ, lucida sidera,
Ventorumque regat pater,
. . . .
Reddas incolumes precor.

Mais les malheurs de mesdemoiselles de Saint-Janvier ne sont point encore finis : je ne parle pas d'une tempête furieuse qu'elles essuient en pleine mer ; les hommes sont bien plus cruels pour elles que les élémens. Le capitaine de vaisseau, s'appropriant le prix d'une longue traversée, les abandonne à quelque distance de Saint-Domingue, dans une île presque déserte, d'où elles ont peu d'espérance de sortir ; elles en sortent cependant ; mais elles ne retrouvent point leur parente à New-Yorck ; elle en était partie depuis huit ans. Enfin, cette femme de Saint-Domingue à qui la veuve de Dessalines les avait confiées, abuse de leur jeunesse, de leur inexpérience, leur persuade que leur sûreté exige qu'elles passent pour être à son service, les engage à en signer le contrat, et changeant à leur insu, les termes de ce contrat, leur fait signer un véritable engagement d'esclavage ; elle les traite réellement en esclaves ; mais averti de cette horrible iniquité, le consul de France, M. Félix Beaujour, digne par les douces et aimables qualités de son ame d'être l'appui de la faiblesse, de l'innocence et du malheur, prend en main leur défense, confond leur persécutrice, déchire le fatal engagement et parvient à faire embarquer mesdemoiselles de Saint-Janvier pour la France, où elles doivent trouver des protecteurs et des parens.

Ici, une nouvelle carrière s'ouvre devant elles : arrivées en France, elles sont accueillies par madame de Saint-

Aulaire, sœur de M. de Saint-Janvier leur père; par M. de Saint-Aulaire ; par d'autres parens encore, avec cette bonté, ces égards, ces tendres soins qu'inspirent leur sexe, leur âge, les liens du sang, et plus encore, à des cœurs généreux, les droits sacrés du malheur. La religion, qui sur-tout reconnaît ces droits, vient leur prêter ses consolations et son appui; elle trouve un digne organe dans l'ancien évêque de Châlons, M. de Clermont-Tonnerre, qui les prépare et les admet aux plus augustes sacremens de l'Eglise : une éducation digne de leur ancienne fortune leur est donnée ; leur esprit se forme, leurs grâces et leurs agrémens se développent. Puisse une longue continuité d'heureuses destinées les dédommager de tant de crulles souffrances, de tant de maux inouïs! Dans le système des compensations qu'on aimerait à admettre en leur faveur, elles ont droit à une grande somme de bonheur.   A.

AVANT-PROPOS.

Il est des événemens qui n'ont besoin que d'être connus, pour exciter le plus vif intérêt et laisser dans l'ame une impression durable. Deux jeunes personnes, destinées à jouir de tous les avantages de l'éducation et de la fortune, au milieu d'une société civilisée, sont livrées, dès l'âge le plus tendre, aux plus terribles épreuves, aux dangers les plus affreux. Elles voient périr sous leurs yeux et ce qu'elles ont de plus cher; elles échappent, comme par miracle, à une mort qui paraissait inévitable, et elles ne sont arrachées à une aussi cruelle destinée, que pour tomber dans l'esclavage. Des ames généreuses, parmi lesquelles on aime à voir figurer, au premier rang, un agent du gouvernement français, les rendent à la liberté, au repos, à leur famille. Elles sont aujourd'hui au sein de cette nation puissante et magnanime, dont le nom fait toujours entrevoir un appui au malheureux, jusque dans les contrées les plus éloignées du monde, et dont la gloire assurée, par celle du Monarque, se rattache si souvent aux souvenirs touchans des actions les plus louables et les plus généreuses. En publiant l'histoire des malheurs qu'ont essuyés Mlles. de Saint-Janvier, notre but est de faire bénir cette Providence divine et invisible qui soutient de ses mains puissantes le faible et l'orphelin, et de réunir tous les cœurs vers cette seconde Providence, dont l'administration sage et paternelle fait oublier tous les maux, et qui inspire les sentimens les plus nobles à ceux qui sont appelés à l'honneur de la servir.

HISTOIRE
DE MESDEMOISELLES
DE SAINT-JANVIER.

Les moyens dont la Providence s'est servie pour sauver Mlles. de Saint-Janvier, des massacres de Saint-Domingue, m'ont paru offrir un si grand intérêt, que je n'ai pu m'empêcher de retracer les principales circonstances d'un événement aussi extraordinaire. Je tiens leur histoire d'elles-mêmes, ayant passé quelque temps avec elles au château de Courbeton, près

Montereau, chez leur tante Mme. de Saint-Aulaire. Leur bonheur actuel contrastait d'une manière si frappante avec leurs malheurs passés !

M. et Mme. de Saint-Janvier étaient Américains, et possédaient une fortune considérable à Saint-Domingue. Étant appelés en France, pour différentes affaires, ils s'y rendirent, et emmenèrent avec eux les deux demoiselles de Saint-Janvier, leurs filles, dont l'une, née en 1793, avait alors huit ans, et l'autre, née en 1797, était âgée de quatre ans. Ils restèrent dix-huit mois, et se rembarquèrent pour Saint-Domingue.

Trois jours après leur arrivée au Cap, l'île fut prise par les Français, sous les ordres du général Leclerc.

M. de Saint-Janvier était resté au Cap, pendant le séjour de nos troupes dans cette ville ; il demeura enfermé dans sa maison avec sa famille, et rendit aux Nègres autant de services qu'il lui était possible, sans se compromettre avec l'armée française, qui évacua l'île peu de temps après. Aussitôt qu'elle fut retombée sous la domination des Noirs, le chef des Nègres, que l'on nommait Dessalines, et qui était à Saint-

Marc, autre port de Saint-Domingue, à trente lieues du Cap, envoya l'ordre à M. de Saint-Janvier, et à plusieurs autres Blancs, de se rendre auprès de lui pour traiter avec eux de leurs habitations. Ceux-ci soupçonnaient bien quelques mauvaises intentions de la part de Dessalines; ils ne voulurent cependant témoigner aucun soupçon, et arrangèrent leur départ pour le lendemain.

Le lendemain au soir, c'est-à-dire, la veille du départ, on vint dire à M. de Saint-Janvier qu'on le demandait; il descend et voit sa cour remplie de soldats, qui tenaient attachés des Blancs qui étaient de sa connaissance; on l'arrêta aussi lui-même, et ils furent tous conduits en prison.

Mme. de Saint-Janvier allait voir tous les jours son mari accompagnée de ses deux jeunes filles, de l'âge de six et dix ans; mais on fit partir les prisonniers dans la nuit, quelque temps après, et on les retint en prison à Saint-Marc pendant huit jours. M. de Saint-Janvier écrivit journellement à sa famille, qui, ne se doutant nullement des suites funestes de cet événement, espérait de le voir revenir d'un moment à l'autre, lorsqu'il aurait terminé ses arrangemens avec le chef des Noirs.

On juge aisément dans quelle incertitude cruelle l'infortunée Mme. de Saint-Janvier était plongée, en restant un mois sans recevoir aucune nouvelle. Au bout de ce temps, un Noir, nommé *Jean-Baptiste*, qui avait été son cocher avant le massacre, entra chez elle. Comme elle savait qu'il venait de Saint-Marc, elle lui demanda avec empressement......

« As-tu des lettres pour moi, de
» M. de Saint-Janvier?..... De
» votre mari, lui dit-il, il est mort;
» il a été massacré, et c'est moi

» même qui lui ai porté le premier
» coup.... Je le lui ai si bien ap-
» pliqué, qu'il n'a pas bougé, je
» vous assure.... Il m'a chargé
» de vous dire bien des choses,
» ainsi qu'à ses enfans, et de voir
» si sa fille cadette (Mlle. Marie-
» Louise-Augustine) lui ressem-
» ble toujours ».

Il est facile de concevoir l'état de désespoir de cette malheureuse épouse ; elle accable de reproches terribles ce misérable, qui, loin d'en être touché, ne cessait de répéter :...... « C'est moi......
» Oui....... C'est moi qui l'ai
» tué.... ».

Au milieu de cette affreuse situation, le bruit se répand que la quatrième division des Noirs, qui était la plus barbare, devait arriver le lendemain, pour caserner pendant plusieurs jours au Cap.

Il y avait dans la même maison que Mme. de Saint-Janvier, une dame blanche, nommée Mme. Georges; elle avait trois filles de seize, dix-sept et dix-huit ans. Mme. Georges, qui occupait le premier, invita Mme. de Saint-Janvier, qui était au rez-de-chaussée, à venir chez elle avec ses enfans, parce que du moins elles ne seraient pas seules, et qu'elles pourraient s'entr'aider en cas de besoin. Mme. de Saint-Janvier y consentit. La première nuit se passa sans événement; les quatrièmes (c'est ainsi que se nommaient les soldats de cette division), casernèrent dans la ville, et furent tranquilles; on avait même publié qu'ils n'étaient pas venus pour piller et massacrer les Blancs, mais seulement pour s'embarquer. La journée du lendemain se passa encore assez tranquillement; mais, dans la nuit suivante, on entendit des cris affreux de gens qui disaient: « Que vous ai-je fait pour » me traiter ainsi ? » Mmes. Georges et de Saint-Janvier se mirent à une petite fenêtre d'où elles pouvaient tout voir, sans être vues. Les cris des malheureux qu'on massacrait, n'annonçaient que trop les scènes d'horreur qui se passaient alors.

Mme. de Saint-Janvier avait, à son service, une jeune Négresse nommée *Marie*, fille de ce même cocher qui avait tué M. de Saint-Janvier ; elle ne ressemblait en rien à son père, et était extrêmement attachée à ses maîtres. Il y avait aussi avec elle une autre Marie, que Mme. de Saint-Janvier avait accueillie chez elle par commisération. Cette dernière était loin de ressembler à l'autre, car elle cachait, sous des dehors très-doux, un caractère atroce.

La bonne Marie, inquiète des malheurs qui menaçaient sa maîtresse, lui proposa de se cacher dans un grenier au haut de la maison; cet endroit était très-favorable pour échapper aux Noirs, parce qu'il n'y avait pas d'escalier, et qu'il était fermé par une trappe que l'on ne connaissait point; personne ne pouvait imaginer qu'il y eût quelqu'un de caché.

Mme. de Saint-Janvier, ses enfans et la famille Georges, montèrent au grenier, à l'aide d'une échelle, emportant quelques bijoux et quelque argent, afin de n'être pas réduites à la misère, dans le cas où elles eussent pu se sauver.

Trois jours se passèrent ainsi. La bonne Marie leur apportait à manger pendant la nuit. On disait déjà que les Noirs ne massacraient que les hommes, et qu'ils ne faisaient rien aux femmes et aux enfans. Ces dames se disposaient à sortir de leur retraite, lorsque Marie accourut leur dire que le massacre des femmes était ordonné.... Effectivement, dès le soir, *les quatrièmes* entrèrent dans la maison et la pillèrent. On demanda où étaient les familles Georges et Saint-Janvier (qui entendaient tout ce qui se passait, sans oser faire le moindre mouvement). Marie répond qu'elles viennent d'être massacrées..... Jean-Baptiste, père de Marie, et un des massacreurs, menace sa fille de la tuer sur-le-champ, si elle ne dit où est sa maîtresse.... La pauvre fille se jette aux genoux de son père, lui proteste qu'on a tué tous ses maîtres, qu'elle en jure sa parole.... Loin de vouloir la croire, son père suspend son sabre sur sa tête, et lui ordonne de parler.... Elle répond qu'elle donnera sa vie s'il le faut, mais que jamais elle ne dira un mensonge, et que ses maîtres étant morts, elle ne peut dire qu'ils sont cachés.

Les soldats, frappés du courage héroïque de cette généreuse fille, se contentèrent de faire des recherches dans toute la maison, et se retirèrent. Malheureusement, l'autre Marie s'était aperçue que sa maîtresse étoit montée dans le grenier, et voyant que les *quatrièmes* ne l'avaient pas découverte, elle courut leur dénoncer le lieu de son refuge. Un Nègre monte tout doucement à l'échelle et entre....
Les deux mères s'embrassaient, embrassaient leurs enfans, avec le

sentiment de la joie et du bonheur que leur faisait éprouver l'espoir d'être sauvées. Quel fut leur effroi, leur désespoir, lorsqu'elles virent paraître le Nègre! Cet homme cependant leur dit d'un air fort civil:.... « Ne craignez rien, je ne
» viens pas vous annoncer de mau-
» vaises nouvelles, je viens au con-
» traire vous en apprendre de
» bonnes. Les massacres sont fi-
» nis, et notre général vous ac-
» corde la vie et la liberté, puis-
» que vous avez eu l'adresse de
» vous soustraire au massacre gé-
» néral, et il m'envoie pour vous
» inviter à descendre, parce qu'il

» sera charmé de vous voir ». Ces dames remercièrent encore le ciel de les avoir conservées une deuxième fois au milieu de tant de périls, et descendirent tranquillement avec leurs enfans. Mais elles ne tardèrent pas à retomber dans la plus cruelle consternation, lorsqu'elles virent la maison remplie de soldats qui les assaillirent de toutes parts. Qu'on se figure leur état, en se retrouvant dans les mains de leurs bourreaux, après s'être crues échappées aux dangers et aux malheurs qui les menaçaient !

On les sépara, et on les conduisit à une promenade appelée *la*

Fossette; c'était là que ces barbares égorgeaient leurs victimes. Il était nuit close, et tous les habitans étaient couchés. L'infâme *Jean-Baptiste* dont nous avons parlé, éleva la voix, et dit qu'il valait mieux les massacrer le lendemain, au jour, afin qu'elles eussent la honte d'être vues de tout le monde; on applaudit à cette indigne proposition, qui fut accueillie avec enthousiasme.

On les mena donc dans une grande et superbe maison qui était sur la principale place de la ville; on les mit dans le vestibule, pour y rester jusqu'au lendemain matin à huit heures, qu'on devait venir les prendre pour les mener au supplice.

Le soir, un nommé *Diakué*, l'un des chefs de l'armée des Noirs, se rendit dans le lieu où étaient détenues ces malheureuses victimes. Ce général avait un très-bon cœur, et il était venu voir ces dames dans l'intention de leur être utile. Mme. de Saint-Janvier avait connu le sieur Diakué d'une manière assez singulière; voici comment :

M. de Saint-Janvier avait des obligations à un nommé *Diakua*, qui s'était chargé d'une commission pour lui à la Jamaïque. Diakua étant de retour, M. de Saint-Janvier alla pour le remercier et l'inviter à déjeûner. *Diakua* et *Diakué* demeuraient sur la même place; M. de Saint-Janvier se trompa, et fut chez Diakué au lieu d'aller chez Diakua. Il ne s'aperçut de sa méprise, que quand il fut entré chez le général Diakué.

M. de Saint-Janvier, qui avait autant de grâces dans l'esprit et les manières, que d'amabilité dans le caractère, se félicita auprès de Diakué, de la méprise qui l'avait amené chez lui, et l'invita à la lui rendre plus agréable encore, en venant déjeûner à sa maison. Diakué qui n'était pas, comme on peut croire, d'une extraction bien distinguée, fut très-flatté de la visite et des politesses de M. de Saint-Janvier, et infiniment sensible à son invitation.

J'aurais peut-être dû ne pas me permettre cette digression dans un moment aussi terrible ; mais cet épisode m'a paru trop important et même nécessaire à faire connaître, pour montrer les motifs de l'intérêt que ce général prit au sort de Mme. de Saint-Janvier et de ses enfans.

Diakué, occupé en effet des moyens de sauver cette malheureuse femme et sa famille, proposa à Mme. de Saint-Janvier de venir souper chez lui avec ses enfans, afin de se distraire de son affreuse situation. Mme. de Saint-Janvier ne voulant pas se séparer de Mme. Georges, ni la laisser seule, se refusa à l'invitation de Diakué, qui ne pouvait l'étendre jusqu'à cette seconde famille, sans faire naître quelques soupçons; il se restreignit à demander à Mme. de Saint-Janvier de lui donner ses enfans; mais ces petites ne voulurent jamais quitter leur mère, et dirent qu'elles voulaient partager son sort et mourir avec elle, s'il le fallait.

Il serait difficile de peindre l'horreur de la nuit qu'eurent à passer ces mères infortunées. Le lendemain à huit heures, on vint chercher les victimes; elles étaient sept... Mme. de Saint-Janvier et ses deux enfans, Mme. Georges et ses trois filles.

Chaque quartier avait son général pour mener les Blancs au supplice, et présider à l'exécution. Diakué se trouva chargé de celle-ci. L'usage était de lire aux victimes leurs sentences, telles que Dessalines les avait portées. On commença par Mme. Georges; la sentence la condamnait à être pendue par les pieds, la tête en bas; et ses trois filles devaient périr à coups de sabre. Les malheureuses ayant été exécutées, Diakué, qui devait lire le genre de mort réservé à Mme de Saint-Janvier et à ses enfans, en fut si indigné, qu'il déchira le papier sans prononcer la sentence. On demanda quel était le genre de mort?... Diakué ne répondit rien.... Enfin, Mme de Saint-Janvier voyant que, malgré toute la bonne volonté de Diakué, elle ne pouvait échapper à la mort, se jeta aux genoux du général, et lui dit : « Puisque ma qualité de » blanche me condamne à mourir,

» ah! M. Diakué, sauvez mes en-
» fans ». Au même moment, un soldat lui trancha la tête, qui, se détachant de son corps, tomba dans les bras de ses filles infortunées, et les inonda du sang de leur malheureuse mère. Diakué, feignant alors de vouloir se réserver l'honneur de massacrer les deux dernières Blanches qui restaient au Cap, dit aux Noirs : « Soldats,
» vous avez eu la satisfaction de
» tuer un assez grand nombre de
» ces Blanches, il est juste que
» votre général en ait aussi sa
» part ». A l'instant, il entraîne chez lui ces deux enfans avec l'air

de la férocité, en criant qu'il les ferait mourir à sa fantaisie, et qu'elles ne ressusciteraient pas....

Les Nègres, pleinement satisfaits, et assurés de la mort de ces innocentes victimes, les laissèrent aller. Diakué, soutenant toujours le généreux caractère qu'il avait montré, mena chez lui Mlles. de Saint-Janvier, les confia à sa femme, nommée *Judith*, qui avait un très-bon cœur. On les cacha sous un lit, où elles restèrent bien gênées et bien mal à leur aise pendant quinze jours. Judith leur apportait à manger, et en avait le plus grand soin. Ce ne fut qu'au bout de ce temps qu'on leur permit de relever leur couvre-pied, et de sortir pour quelques momens de leur cachette. On avait alors bien soin de fermer les portes; Judith prenait les plus grandes précautions et se tenait dans une continuelle surveillance, pour que personne ne pût les apercevoir.

Un jour, avant l'heure qui était marquée pour sortir de la cachette, une de ces jeunes demoiselles, qui avait soif, alla dans la chambre prendre de l'eau. Un général, nommé *Soudry*, compagnon de Diakué, sans être son ami, était alors dans la maison, et entra dans la chambre au moment où la jeune Blanche buvait. Il tira aussitôt son sabre, qui était déjà suspendu sur la tête de cette pauvre enfant, lorsque Diakué entra fort heureusement, arrêta le bras de Soudry (qui était ivre), et lui persuada, lorsque la jeune personne se fût enfuie, qu'il s'était trompé, et que ce n'était pas une Blanche qu'il avait vue. On cacha bien vîte les enfans, et on espéra que Soudry, en recouvrant la raison, ne se souviendrait plus de cette aventure. Diakué reçut, dans la soirée, l'ordre de se rendre le lendemain matin à Saint-Marc; lorsqu'il fut parti, Soudry qui, en revenant à lui, n'avait pas oublié qu'il avait vu une Blanche chez son camarade, assembla ses troupes qui étaient dans la ville, et entra à main armée dans la maison de Diakué, en disant qu'il y avait des Blancs de cachés. Judith fit passer aussitôt les pauvres enfans dans leur cachette, et ferma sur elles la porte, qui était construite de manière qu'on ne s'apercevait pas au-dehors qu'il y en eût une. Judith mit une chaise devant cette porte, et parut être occupée de travailler. Les Noirs arrivent, cherchent partout, pillent jusqu'aux casseroles, et ne découvrant pas les enfans, parce qu'ils ne voyaient pas cette bienheureuse porte, ils se retirent. Diakué, en rentrant chez lui, vit le pillage qui s'y était fait, en demanda raison, et l'obtint.

Ces jeunes personnes furent encore sous la même surveillance pendant un mois, au bout duquel Judith leur laissa plus de liberté, c'est-à-dire, qu'elles restèrent encore dans la maison, mais sans être cachées; les massacres étaient finis, et il n'y avait plus rien à craindre pour leur vie. On ne publiait pas pourtant comment elles avaient été sauvées, pour ne pas compromettre leur libérateur ; plusieurs mois se passèrent ainsi.

Diakué ayant été obligé d'aller, pour son service, à Saint-Marc, la respectable Judith, qui était alors toute rassurée sur le sort de ses petites Blanches, les mit dans une pension où on les instruisit de leur religion, et où elles apprenaient à lire et à écrire.

Un jour Judith les envoya chercher, avec ordre de les habiller proprement et de les lui amener tout de suite. Ces pauvres petites, que la moindre chose effrayait, craignirent d'abord que ce ne fût pour les faire mourir ; elles arrivèrent toutes tremblantes. La bonne Judith leur demanda en les voyant, si elles seraient bien contentes d'aller à Newyorck, où l'on croyait qu'elles avaient des parens, et leur dit qu'une dame qui avait eu des obligations à leur père, avait trouvé une occasion pour les faire partir; qu'elle se chargeait même de tous les frais de leur passage, jusqu'à ce qu'elles fussent remises à leur famille. On doit se faire une idée du plaisir qu'éprouvèrent ces jeunes personnes, en apprenant une aussi bonne nouvelle. Elles allèrent tout de suite chez cette dame charitable, qui les reçut très-bien, et les présenta à ceux qui s'étaient chargés de les emmener. On fixa le départ au lundi suivant; on était au samedi. On s'occupa de tous les préparatifs du voyage, et le dimanche au soir, leurs effets furent transportés sur le vaisseau.

Le lundi, à l'heure indiquée, les demoiselles de Saint-Janvier se rendent au lieu de l'embarquement; mais qu'on juge quel fut leur désespoir, en apprenant que le vaisseau qui devait les emmener, avait fait voile dans la nuit pour aller croiser dans un endroit où il y avait des corsaires! Ne sachant ni dans quel temps ni dans quel lieu il débarquerait, l'armateur n'avait pu se charger d'elles, et avait laissé leurs effets à terre. Elles furent donc obligées de retourner à leur pension, n'ayant plus d'espoir de sortir de leur position vraiment malheureuse et critique. Elles pensaient qu'elles ne pouvaient rester toujours en pension, et que Diakué pouvait se lasser de les avoir chez lui ; alors que devenir sans parens, sans amis, sans appui? Ces réflexions étaient bien tristes et bien inquiétantes, sur-tout pour l'aînée qui était déjà assez grande pour sentir son malheur : elle était âgée de douze à treize ans.

La mort de la bonne et respectable Judith, qui arriva à la suite d'une longue maladie, fut une nouvelle épreuve pour nos jeunes orphelines; cette perte leur causa un grand chagrin, et rendit leur situation plus fâcheuse encore. Désespérées, elles écrivirent à Diakué pour le prier de ne pas les abandonner. Cet excellent Nègre, persévérant dans la bonne œuvre qu'il avait commencée, les confia à sa mère, qui n'était pas à beaucoup près aussi bonne que Judith. Elles se trouvaient cependant bien heureuses d'avoir encore le nécessaire, assuré au moins pour quelques années. L'épouse de Dessalines, chef des Noirs, arriva au Cap à cette époque ; elle avait connu M. de Saint-Janvier, et avait fait tout son possible auprès de son mari, pour obtenir sa grâce et celle de sa famille, sans pouvoir y réussir.

Aussitôt qu'elle fut arrivée, elle fit venir les deux jeunes personnes, les caressa beaucoup, et les combla de cadeaux.

L'épouse de Dessalines, qui prenait le plus vif intérêt à ce que ces jeunes personnes pussent aller rejoindre les parens qu'elles avaient à Newyorck, leur procura un passeport du général Christophle. Elles devaient, en conséquence, partir à la première occasion, lorsqu'elles eurent de nouvelles inquiétudes.

Dessalines, qui avait appris que Mlles. de Saint-Janvier et deux autres Blancs avaient été sauvés, était entré en fureur, et était parti des Cayes pour se rendre au Cap, dans l'intention de tuer lui-même ces quatre Blancs, et de punir ceux qui avaient concouru à les sauver. Mlles. de Saint-Janvier, en apprenant cette triste nouvelle, coururent en avertir la mère de Diakué, qui, dans la crainte d'être compromise, refusa de les garder chez elle, et les mit à la porte. Au même moment, on entendit un grand tumulte qui annonçait que Dessalines allait arriver.

Nos jeunes infortunées, à qui la mère de Diakué avait fermé la porte de sa maison, étaient assises sur le banc en dehors, pleuraient, se livraient au désespoir, et attendaient à chaque instant le coup de la mort, sans que personne eût pitié d'elles.

Par un de ces événemens bien remarquables, dirigés par la Providence, qui veillait sur la destinée de Mlles. de Saint-Janvier, Dessalines, qui était parti de Saint-Marc, sans escorte, en cabriolet, avec un de ses aides-de-camp, fut assailli au moment où il allait entrer au Cap, par un parti de Mulâtres, dont Pétion était le chef. Plusieurs coups de fusil ayant fait tomber les chevaux et arrêter le cabriolet, les Mulâtres fondirent sur Dessalines et le massacrèrent avec son compagnon. La nouvelle de cet événement fut bientôt répandue dans toute la ville, et y causa une grande joie; le chef des Nègres y était détesté à cause de ses cruautés. Mlles. de Saint-Janvier se trouvèrent donc sauvées encore une fois d'un terrible danger. La mère de Diakué, qui n'avait alors plus rien à craindre, les fit rentrer chez elle. Plusieurs mois se passèrent tranquillement ; le nouveau chef, Christophle, les prit même sous sa protection.

Un jour l'épouse de Dessalines, chez laquelle elles allaient souvent, leur dit qu'elle s'était occupée du moyen de les faire partir pour les rendre à leur famille; que n'ayant pas assez de confiance en une Négresse, elle leur donnerait, pour les accompagner, une marchande de modes qui était au Cap depuis quelque temps. Cette femme était blanche, et se nommait Mme. Beuze. Elle avait des dehors honnêtes et

G

modestes, un très-bon ton ; malheureusement, son caractère ne répondait point à ces dehors qui prévenaient en sa faveur. Cette femme avait ordre de conduire Mlles. de Saint-Janvier à Newyorck et même plus loin, si leurs parens n'étaient pas dans cette ville. La veuve de Dessalines lui donna beaucoup d'argent pour les frais du voyage, et lui promit en outre de lui faire passer tout celui dont elle aurait besoin. On chercha donc un bâtiment pour conduire Mlles. de Saint-Janvier, et ce ne fut pas sans peine qu'on en trouva un, qui devait partir sous peu de jours; le capitaine reçut un millier de café pour le passage de Mme. Beuze et des deux jeunes demoiselles.

Le jour du départ fut enfin fixé au 20 août 1809; l'aînée des deux sœurs avait alors seize ans, et la cadette environ douze. Tout le monde était accouru sur le port pour être témoin de cet heureux embarquement; l'excellente veuve Dessalines pleura beaucoup en quittant nos jeunes orphelines; enfin le vaisseau sortit du port et fut bientôt en pleine mer.

Quel bonheur éprouvaient Mlles. de Saint-Janvier, en pensant que, sous peu de jours, elles se retrouveraient au milieu de leurs parens ! M.me Beuze, qui déjà méditait et calculait dans son ame atroce, tous les moyens de faire tourner à son profit la mission qui lui était confiée, leur persuada qu'il serait utile, et même nécessaire qu'elles passassent toutes trois pour trois sœurs ; elle leur fit en conséquence prendre son nom de fille, et elles s'appelèrent M.lles Wichard, sœurs de M.me Beuze. Elle leur recommanda aussi de ne jamais dire leur vrai nom, parce que cela pouvait leur être très-nuisible. Les premiers jours, elles furent très-bien soignées par cette femme; mais elle ne tarda pas à les maltraiter, sur-tout la plus jeune qu'elle battait souvent, et qu'elle forçait de faire les fonctions les plus viles.

Il y eut, pendant la traversée, une tempête affreuse, et nos jeunes personnes se virent plusieurs fois au moment de périr. Le capitaine lui-même désespérait de son salut, d'autant plus, que la nuit était très-sombre ; le vaisseau aborda heureusement le lendemain à une petite île, nommée *Belnève*, appartenant aux États-Unis. Le capitaine, qui était Anglo-Américain, persuada à Mme. Beuze et à Mlles. de Saint-Janvier de venir avec lui, chez un de ses parens, à deux milles du port. Elles s'y rendirent et restèrent plusieurs jours, ne cessant de demander au capitaine quand il se rembarquerait. Il leur dit enfin, qu'étant obligé de faire voile pour une autre destination, il ne pouvait se charger lui-même de les mener à Newyorck; mais qu'un autre capitaine lui avait promis de les y conduire. Ces dames lui reprochèrent sa mauvaise foi ; elles lui dirent qu'ayant été payé pour les rendre à Newyorck, il était de son honneur de les défrayer de leur passage sur l'autre vaisseau, et lui avouèrent qu'il leur restait fort peu d'argent. Le capitaine parut touché de leurs raisons, et leur dit que, comme il était fort tard, il allait se coucher, et que le lendemain l'affaire s'arrangerait à leur satisfaction. Le lendemain elles apprirent que le capitaine était parti pendant la nuit. Elles furent indignées de ce trait de fourberie; elles restaient délaissées dans une île où les vaisseaux n'abordaient pas communément. Elles espéraient cependant, d'après ce que leur avait dit le capitaine, qu'un de ses confrères était chargé de les conduire à Newyorck, que celui-ci viendrait d'un moment à l'autre prendre les arrangemens nécessaires pour le voyage.

Plusieurs jours se passèrent sans qu'il se présenta personne. Ces dames s'adressèrent alors à leur hôte, pour qu'il envoyât au port savoir quel était le capitaine qui devait les emmener, et quand il partirait. Cet homme ne put leur cacher qu'elles avaient été trompées, et qu'il n'y avait ni capitaine ni vaisseau dans l'île. Nos malheureuses orphelines se virent donc encore une fois dans la position la plus critique, sans savoir comment ni dans quel temps elles sortiraient d'une île si peu fréquentée.

Il y avait environ trois semaines qu'elles étaient ainsi livrées aux plus vives inquiétudes, lorsque les deux sœurs se promenant ensemble, rencontrèrent un Français qui les acosta, et leur demanda si elles n'étaient pas les passagères qui étaient sur le bâtiment du capitaine Wailay ; elles lui répondirent que oui. Eh bien ! leur dit-il, il a été puni de son peu de probité à votre égard ; car, en sortant du port, il a été fait prisonnier et son bâtiment a été pris. Ces jeunes personnes furent fort affligées d'un événement qui ruinait cet homme; Mme. Beuze, au contraire, en fût enchantée, parce que le capitaine connaissait la naissance de Mlles. de Saint-Janvier, et qu'elle craignait qu'il ne lui fût contraire dans le projet qu'elle avait formé, et dont nous allons voir bientôt l'exécution.

Ayant enfin trouvé une occasion pour Baltimore, Mlles. de Saint-Janvier partirent par un temps superbe, et arrivèrent bientôt dans cette ville. Elles prirent des informations pour savoir si leur tante, sœur de leur mère, y était encore ; et comme on leur dit

qu'elle n'avait jamais habité Baltimore, elles allèrent à Newyorck, où elles apprirent avec douleur que leur tante en était partie depuis huit ans. Nouveau sujet de désespoir pour elles, et de joie pour Mme. Beuze qui avait toujours son projet d'en faire ses esclaves. « Mes
» enfans, leur dit-elle, vous savez
» combien je vous aime et combien
» je prends d'intérêt à vous ; c'est
» cet intérêt même qui m'engage
» à vous donner un conseil nécessaire
» saire à votre liberté et à votre
» bonheur. Comme vous n'avez
» ici ni père ni mère, ni aucun
» parent qui puisse répondre de

» vous, le Consul de France vous
» ferait mettre dans une maison
» d'orphelines ; pour prévenir ce
» malheur, il faut que vous signiez
» un acte par lequel vous vous
» engagez à rester avec moi, jus-
» qu'à ce que je vous remette entre
» les mains de vos parens. Vous
» continuerez toujours à vous ap-
» peler Mlles. Wichard, et vous
» ne ferez connaître à personne
» votre véritable nom : cela est
» très-important pour votre sûreté;
» et pour que cet acte soit vala-
» ble, il faut le faire enregistrer à
» l'hôpital des pauvres (c'était dans
» cette maison qu'était l'entrepôt

» des malheureux esclaves à ven-
» dre) ».

Mlles. de Saint-Janvier ne voyant dans cette proposition qu'une mesure d'un tendre intérêt pour elles, de la part de Mme. Beuze, consentirent à ce qu'elle désirait ; cette femme prit alors deux témoins aussi méchans qu'elle. Dans l'acte qu'on leur fit lire, elles s'engageaient à rester avec Mme. Beuze jusqu'à ce qu'elles fussent réunies à leurs parens ; mais au lieu de leur faire signer cet engagement, Mme. Beuze en avait substitué adroitement un autre, par lequel elles consentaient à être pendant

H

toute leur vie ses esclaves, et lui donnaient même le pouvoir de les vendre. Mlles. de Saint-Janvier signèrent donc ce second contrat, croyant que c'était le premier. Depuis ce jour, Mme. Beuze ne mit plus ni déguisement, ni ménagement, ni aucun frein à l'atrocité de son caractère; elle se fit servir par ces deux jeunes personnes comme si elles eussent été ses esclaves. *Hortense*, qui est l'aînée, faisait le service de la chambre, et la cadette, que l'on appelle *Augustine*, était chargée de la cuisine, lavait la vaisselle, et faisait les commissions. Elles étaient toutes les deux battues pour un *oui* ou pour un *non* avec un paquet de cordes; en un mot, elles étaient tout-à-fait traitées en esclaves.

Il y avait dans la ville, une aubergiste nommée Mme. Collet, chez laquelle logeait le Consul de France, *M. Félix Beaujour*.... Ce nom était d'un augure heureux pour le sort de nos jeunes personnes; on verra combien son ame sensible, ses qualités estimables, son zèle généreux le rendaient digne de la place qu'il occupait.

Mme. Collet savait le vrai nom de ces deux infortunées demoiselles;

elle s'était plue à publier dans la ville qu'elles étaient les deux Blanches échappées du massacre de Saint-Domingue. Chacun se rappelait leurs malheurs. Le bruit qu'avait fait leur intéressante et si touchante histoire, le rapprochement de leurs âges, et leur ressemblance étonnante avec leurs parens que beaucoup de personnes dans la ville avaient connus, ne pouvaient laisser douter qu'elles ne fussent réellement Mlles. de Saint-Janvier.

M. Félix Beaujour ayant eu connaissance de ce que l'on disait de ces jeunes personnes, les envoya chercher. Mme. Beuze les empêcha de sortir ; le Consul vint alors les demander lui-même chez Mme. Beuze.

Hortense, l'aînée des deux sœurs, qui avait ouvert la porte à M. Beaujour, ne sut que lui répondre, quand il demanda à voir Mlles. de Saint-Janvier, parce qu'elle craignait qu'il ne vînt pour les arrêter. Elle se décide cependant à lui dire..... Monsieur, Mlles. de Saint-Janvier ne demeurent pas ici. Oh! Mademoiselle, reprit le Consul, vous vous trompez, je sais qu'elles logent ici ; il n'y a point de mystère à me faire, je sais tout.... Je sais aussi.... en s'adressant à

Mme. Beuze, qui était accourue quand elle avait entendu nommer Mlles. de Saint-Janvier, je sais, madame, que vous les rendez très-malheureuses, et je viens exprès pour vous engager à traiter beaucoup mieux des jeunes personnes sur lesquelles vous n'avez point de droit, et que je prends sous ma protection. Après cet avis ferme et prononcé, le Consul se retira.

Cette visite, qui surprit extrêmement Mlles. de Saint-Janvier, commença à leur donner quelques espérances; mais Mme. Beuze, qui se reposait sur la validité de l'engagement qu'elle leur avait fait contracter, ne fut point émue ni troublée; elle continua de les envoyer porter en ville les gilets et les jupons tricotés qu'elle faisait. La bonne Mme. Collet, chez laquelle elles allaient souvent pour la prier de les leur faire vendre, ne cessait de presser M. Beaujour de prendre en main les intérêts de ces malheureuses demoiselles.

M. de Bruce, qui passait alors à Newyorck pour se rendre en France, entendit parler de cette affaire; et comme il avait connu Mme. de Saint-Aulaire, il parla avec beaucoup de chaleur au Consul, et le pria instamment de s'intéresser à

Mlles. de Saint-Janvier. Le Consul le lui promit, et s'occupa, dès le jour même, de toutes les démarches nécessaires pour les tirer de leur captivité. Malheureusement, ces démarches n'avaient eu d'autre résultat, que de faire connaître les mesures et les précautions atroces que Mme. Beuze avait eu soin de prendre, pour que sa proie ne pût lui échapper. Ayant eu occasion de rencontrer l'aînée de ces jeunes demoiselles, qui s'était dépêchée de faire son ouvrage pour aller à la découverte de quelque nouvelle, M. Beaujour lui apprit avec l'expression du plus vif regret, que tout était perdu pour elle et pour sa sœur; que la méchante Mme. Beuze ne s'était que trop mise en règle, et qu'il ne voyait pas de possibilité pour les tirer de leur esclavage. Cette jeune personne, accablée de douleur, alla raconter son malheur à la bonne Mme. Collet, qui en fut profondément affectée, et qui chercha cependant à la tranquilliser, à la rassurer, en lui persuadant que l'on trouverait quelque moyen d'annuller leur engagement. Il lui vint en effet dans l'idée que l'établissement de l'hôpital des pauvres n'étant que pour les naturels du pays et les Anglais, l'acte qu'avaient signé Mlles. de Saint-Janvier, n'était pas valable, puisqu'elles étaient Françaises. Elle courut communiquer son idée au Consul, qui la trouva très-bonne. En effet, il alla en faire part au magistrat, et, après avoir sollicité son intérêt, réclamé sa justice, il fit dire aux jeunes personnes d'avoir beaucoup de courage et de sang-froid, lorsqu'elles seraient traduites au tribunal; que leur salut dépendait de la netteté et de la fermeté de leurs réponses ; qu'elles ne se laissassent pas intimider, et qu'elles déclarassent bien sur-tout qu'elles étaient françaises.

Mais avant que l'affaire fût portée au tribunal, M. de Bruce et M. de N......., qui avaient beaucoup connu en France M. de Saint-Aulaire, désirèrent aller avec le Consul interroger Mlles. de Saint-Janvier, sur leurs parens; elles les trouvèrent occupées à laver la maison.

Enfin, Mme. Beuze reçut une assignation pour se rendre, avec Mlles. de Saint-Janvier, à l'hôpital des pauvres, au jour et à l'heure indiqués.

Mme. Beuze, qui se doutait bien qu'elle aurait à subir quelque interrogatoire un peu sévère, et peut-être même une réclamation de ces jeunes personnes de la part du Consul, chercha un défenseur officieux, et arriva à l'hôpital avec Mlles. de Saint-Janvier, accompagnée d'un M. Fraisier, qui avait servi de témoin dans l'acte qui avait été fait. La salle était remplie d'une quantité immense de personnes que l'intérêt et la curiosité y avaient attirées.

On commença par interroger l'aînée de ces jeunes demoiselles.

« Quel est votre nom ?... Hor-
» tense de Saint-Janvier.... Votre
» âge ?.... Seize ans et demi....
» C'est faux, s'écria Mme. Beuze,

» ces demoiselles ne sont pas filles
» de M.me de Saint-Janvier... Leur
» nom est Wichard.... Ce sont
» de petites voleuses ». Le juge
lui imposa silence, et s'adressant
ensuite à la plus jeune, il lui fit la
même question qu'à l'aînée ; elle
répondit de même. M.me Beuze
éleva encore la voix, et accabla
d'injures et de menaces les jeunes
personnes.

Les juges firent ensuite passer
M.lles de Saint-Janvier dans une
autre chambre, avec les personnes
nécessaires pour instruire l'affaire
et les interroger particulièrement,
sans que la présence de M.me Beuze

pût les intimider; car il était d'une grande importance que la vérité fût reconnue, en les mettant à même de répondre avec assurance.

Le juge leur demanda : . . . . » Vous êtes-vous engagées avec » M.me Beuze comme esclaves ?... » Non, monsieur.... Êtes-vous ici » comme Françaises ou comme » Anglaises ? »... C'était de cette réponse que dépendait leur sort... L'aînée des deux sœurs répondit avec une naturelle simplicité : « Monsieur, nous sommes Fran- » çaises »... On demanda ensuite à l'avocat de M.me Beuze si ces demoiselles disaient la vérité ?

« Oui, dit-il, pour la nation....
» elles sont Françaises.... Mais
» pour ce qui est de l'engagement
» qu'elles ont pris, elles ont signé
» l'acte de leur esclavage.... Les
» papiers sont en règle.... Vous
» vous trompez, répondit le juge,
» cet hôpital est établi pour les
» Anglais et les naturels du pays,
» qui veulent s'engager comme es-
» claves, mais non pour les Fran-
» çais. Or, ces demoiselles étant
» Françaises, l'acte signé à l'hôpi-
» tal n'est point valable ».

Le Consul rentrant alors dans la salle, jeta aux pieds de Mme Beuze, les papiers qu'il déchira, et lui déclara que, d'après le jugement qui avait été rendu, elle n'avait plus aucun droit sur elles, et qu'il les prenait sous sa protection. En effet, il les confia à M.me Collet, son hôtesse, et n'attendit plus qu'une occasion favorable pour les renvoyer dans leur patrie.

M. de Bruce qui, comme nous avons dit, était à Newyorck, et sur le point de partir pour la France, réclama l'avantage de les ramener dans le sein de leur famille; il offrit même de faire toutes les avances nécessaires pour le voyage, de chercher leurs parens en France, et de les remettre entre leurs mains. M. Beaujour, en acceptant l'offre empressée et obligeante de M. de Bruce, fit venir néanmoins le capitaine du bâtiment sur lequel elles devaient s'embarquer, et exigea de lui qu'il ne ferait payer le passage que dans le cas où M. de Bruce serait assez heureux pour retrouver leurs parens, et qu'elles seraient en état d'en acquitter les frais; que, dans ce cas même, il ne réclamerait pas plus que ce que le gouvernement était dans l'usage de payer pour les passagers qui étaient à ses frais.

Elles s'embarquèrent donc au mois de mars 1810, et éprouvèrent une joie inexprimable, en quittant cette terre de captivité pour retourner dans leur patrie; elles avaient cependant l'inquiétude de ne pas retrouver existant M. de Saint-Janvier, leur grand-père paternel, ou de n'en être pas reconnues ; car elles n'en avaient reçu aucune nouvelle depuis dix ans.

M. de Bruce, dont l'ame était pleine du bonheur de rendre des enfans aussi intéressans à leur famille, mais à qui aucune bienséance ne pouvait échapper, les mit sous la surveillance d'une dame qui se trouvait dans le bâtiment. Elles arrivèrent à Lorient le 23 avril 1810, après une heureuse traversée, et se rendirent à Paris le 7 mai. On les mena chez leur grand-père, dont l'aînée des deux sœurs s'était rappelé la demeure; elles eurent le malheur d'apprendre qu'il venait de mourir; mais elles retrouvèrent deux tantes, l'une, sœur de leur père, Mme. de Saint-Aulaire, l'autre, sœur de leur mère, Mme. Pothenot, dont les tendres soins adoucirent pour elles le malheur de se retrouver orphelines.

Elles passèrent quelques mois chez Mme. de Saint-Aulaire, au château de Courbeton près Montereau. Elles y furent comblées des bontés de leur tante paternelle, et tout le monde s'empressa de leur témoigner l'intérêt qu'elles inspiraient, autant par elles-mêmes que par leurs malheurs. On retrouvait avec plaisir dans ces jeunes personnes, dont la destinée avait été jusqu'ici si malheureuse, les douces et aimables qualités de leur mère, l'esprit et les agrémens de leur père.

Un digne prélat, qui se trouvait alors à Courbeton, M. de Clermont-Tonnerre, ancien évêque de Châlons-sur-Marne, s'occupa avec autant de zèle que de bonté, de développer, dans leurs jeunes ames, les sentimens de reconnaissance et de confiance qu'elles devaient à la divine Providence qui les avait sauvées miraculeusement d'une suite de dangers si inouis; il les entretenait souvent de leur religion; il leur donna la confirmation, et fit faire la première communion à la cadette. Le texte du discours touchant qu'il prononça à cette occasion, est si bien adapté à la circonstance, que je ne puis m'empêcher de le citer ici :

« Je suis le Seigneur votre Dieu,
» qui vous ai retiré de la terre
» d'Égypte ».

Ego sum Dominus Deus tuus, qui eduxi te de terrá Ægypti.

Mlles. de Saint-Janvier reçoivent une éducation soignée et proportionnée même à leur ancienne fortune ; elles ont dû à leurs parens de retrouver encore en France une existence, bien éloignée il est vrai de l'immense fortune qu'elles avaient à Saint-Domingue, mais au moins plus que suffisante pour subvenir à leur éducation. En voyant ces intéressantes personnes au milieu de parens qui les ché-

Je suis le Seigneur votre Dieu, qui vous ai retiré de la terre d'Egypte.

Page 106.

rissent, et qui s'occupent journellement de leur bonheur, on ne peut s'empêcher de comparer cet état de paix et de félicité, avec celui de proscription et d'esclavage dans lequel elles ont passé les premières années de leur vie.

FIN.

www.ingramcontent.com/pod-product-compliance
Lightning Source LLC
Chambersburg PA
CBHW070534100426
42743CB00010B/2074